小林えみ　著

孤独について

よはく舎

目次

孤独について

はじめに

その寂しさは本当に孤独だろうか。そして寂しさとは孤独なのだろうか。私は孤独を肯定する。それは人間にとって必要なものだ。

社会的孤立は、孤独とは違う。虐待、いじめ、貧困、差別。それらは無くすべきものだ。なるべく多くの時間を一人でいたくない、という人もいる。そうした人たちに「孤独は良いものだ」と強制するものではない。孤独は他者に寄らず、一人の魂でそこに在ること。その一人で在ることとそのものと寂しさ、時には惨めさと表現されることとは、即結ばれるものでも、必ず結ばれるものでもない。

この「孤独について」は、誰かに頼まれたものではなく、書かねばならない、それも今、という思いが湧き上がって書いた。また、この稿を補完するものとしてシリーズ「戦争と人間、孤独」集とし、坂口安吾『青鬼の褌を洗う女』、三木清『人生論ノート』を刊行した。２０２４年現在、日本は直接的な参戦をしていないかもしれないが、ウクライナやガザ、また世界各地で争いがあり、武器が使用され、人々が殺される状況に、私たちが「無関係である」とは思えない。地球規模で見れば、いまは「戦時下」であり、私たちは戦争に関わっている。残酷さを生む戦争を止めたい。そのための活動は、一人ではたかが知れており、多くの人たち、また顔を合わせることのない世界中の戦争反対者と連帯が必要だ。

ただ、そうした繋がり、連帯の重要性を意識する一方で、私たちはまずそれぞれ一人の人間である、という想いも強まった。日本国憲法の第十三条は「すべて国民は、個人として尊重される」とある。民主主義の根幹はまず「個人として尊重される」ことであるはずだ。繋がることがすなわち全体主義ということではないが、私たちは「繋がること」の良さを受け取るために、その前の「個人として尊重される」こと、「孤独であること」の重要性をないがしろにしていないだろうか。

戦争は、人を部品として規格化し、消耗する。「同じ」であるほうが、都合がよい。「尊重された個人」であることは、戦争に立ち向かう第一歩だ。

三木清は『人生論ノート』の「孤独について」で「孤独が恐ろしいのは、孤独そのもののためでなく、むしろ孤独の条件によってである。」「孤独というのは独居のことではない。独居は孤独の一つの条件に過ぎず、しかもその外的な条件である。」と書いた。私たちが孤独を恐れるとき、それは「一人でいること」そのものだろうか。例えば、一人だと経済的に不具合がある、一人でいると学校生活の中でうまく立ち回れない、など「外的な条件」を恐れていないだろうか。そして、人を集団であるようにしようとするものは、たいていそうした「外的な条件」を巧みに孤独の問題へすり替え、さも孤独が悪いもののように仕立て上げ、なるべく都合のよい集団に押し込めたり帰属するようにしむけ、時には孤独をスケープゴートにする。「ほら、孤独は寂くてみじめなものですよ」と。みじめなのは、孤独に付された外的条件であり、孤独そのものではない。

一人でいることが、一切の苦さを含まず、甘美なものであるとは思わない。孤独を愛していても、寂しさや虚しさを感じることはあるだろう。また、一切の社会との関わりを断つような極北だけを孤独と呼ぶのではない。現在、ネガティブに語られすぎている孤独をまず肯定することによって、「個人として尊重する」と「望ましくない孤立」をわかち、そこから「個人同士の連帯」を肯定して、戦争に立ち向かう。安心して、一人で在れる世界であるために。私は私の繊細さを失わないまま、生きていきたい。

ビートルズの著名な曲「エリナー・リグビー」は、彼ら、特に作曲者であるポール・マッカートニーが思い描く孤独が表現されている。楽器のみの前奏はなく、軍靴の行進を思わせるようなスタッカートの効いた弦楽器によるマイナー音をベースに、あの孤独な人々を見よ、と繰り返される。そうして一人の老婆、エリナー・リグビーの描写が続く。私は幼い頃、この曲が怖かった。英語の全体はわからなかったが「ロンリー」という言葉は知っていた。家族で外出をした帰り道、父が運転する車は日の暮れた栗駒山曲がりくねった山道を走っていた。前後に他の車両はなく、うとうと半ば閉じた意識に車が動く音と、カセットテープの音が聞こえていた。ビートルズは父が好んで聴いていた。アルバム「リボルバー」では少しファニーな「タックスマン」に続いて「エリナーリグビー」が流れる。他の車の気配は相変わらずなく、私はこのまま曲がりくねった道の次のカーブで車は墜落し、私たちは家に帰れず、地獄に落ちる、と想像した。短い曲のほんのわずかの間に、私はすっかりこの曲に込められた陰鬱さに支配された。ポール・マッカトニーには、他にとても素敵な曲がたくさんある。なぜこの曲はこんなにも怖いのか、子供心にも疑問だった。

長じてから改めて歌詞を見ると、これは社会の側からの視点であることに気づいた。「見よ」と老婆エリナー・リグビーを、マッケンジー神父を描写する。老婆や神父に「孤独だ」「寂しい」とは語らせていない。マッカートニーがどのくらいその差異に意識的であったかはわからないが、誰もいない、ということを確認はするが、「救われなかった」と断言するのは一箇所のみで、彼らがどこから来てどこに居場所が在るのか、を問う。素朴な、外側から見た「一人でいるひと」の視点を描写している。ライスシャワーを拾う、靴下を繕う、これらが貧困をあらわしているのであれば、それは社会的孤立のひとつだ。それらを社会の視点が恐れとして描くことは正しい。その恐れるものを人に与えてはいけないし、社会全体でなくしていくべきものだ。そして彼らが一人でいることを望んでいないのであれば、その状態を勝手に良きものと呼んではいけない。

しかし、もし彼女たちがその生活に充足していたとしたら？誰のためにでもなく化粧をすること。靴下を繕って、暖かく快適に過ごすこと。それは満ち足りた孤独だ。

いま、世界では「一人でいること」、孤独が肯定されていない。イギリスでは２０２８年に孤独問題担当国務大臣が設立され（２０２１年廃止）、日本でも2021年孤独・孤立対策担当室が設置される（2024年廃止）。社会的な孤立は政治的な課題とされた。すでに先述しているように、社会的な孤立は起こりうるべきではないと私も考えている。しかし、その恐れが「一人でいること」そのものに向かうことは好ましくない。

例えば、孤独死と言われるもの。主に一人住まいの人が、誰にも看取られずに死ぬことを指す。本人が望まない要因によってその状態に置かれている場合は、避けられるべきものだろう。しかし、一人でいることを望み、さらに一人で死ぬことも予期して望んでいる場合には、その一人で死ぬことの権利を奪ってはならない。死者と双方向的な意思疎通はできない。一人で死ぬことを願っていた人でも死へ向かう苦しみの中で「誰かに助けてほしい、そばにいて欲しかった」と願うかもしれない。それでも、その過程がまだ推量の域を出ないのであれば、長期的な過程として、一人で死にたいという意志を持ちつづけた箇所を尊重して良いのではないか。私たちは、極端な隠遁をしていない限り、基本的にはインフラを共有する社会の中で生きている。その中で、一人で死ぬことで、残っている生者にコストを負わせることがあるかもしれない。それは、そのコストをどのように最小限にとどめ、負担を分かち合っていくかは設計が可能なはずだ。

大体、そうした個人が社会へ与えるコストは一人で死ぬことだけなく生涯にわたって社会へ生じるものであり、負担できる者たちでそうしたコストを共同で担うことによって一人あたりの負担を軽くしているのが私たちの社会だ。

一人でいることは、社会としては確かに負荷は大きい。ひたすら社会を合理的にするのであれば、全ての人々は寮のような場所で共同生活をし、決まった時間に同じ食事を食べ、決まった時間には町中で消灯すれば、経済的で、環境負荷も低く、衛生的でもあるだろう。それは極端な発想かもしれないが、そうであるならば、どこが標準であるのかを決めるのは社会の都合でしかない。家族や親族という単位は歴史的な推移の上で今の社会である程度機能していたり、馴染みがあるに過ぎない。人間という生き物であるということが、私と他者を区別する個の認識、その多様性を尊重した上で共同社会を営むものであれば、一人でいる、ということはもっと尊重されるべきだ。まして、都合の良くない時には自己責任が持ち出される今の社会においては、一人という単位が恣意的にダブルスタンダードで使われている。一人でいること、家族でいること、多数でいること、それぞれの望みに応じて対応できる柔軟な制度設計は可能だ。様々な技術、デジタルツール、私たちはこんなに高度な文明や知能に支えられているのに、その制度設計だけが無理、というほど複雑なことではないはずだ。それが実施されないのは、せいぜい怠惰か、誰かにとってはその方が都合が良い、ということだ。

同じように孤独を愛する人たちへ伝えたい。

私は孤独を肯定する。

沢村貞子　生活の孤独

私たちは、集団の中にいても、家族がいても、一人の時間をもつ。生活の中に豊かさをもつ。自分のためにきちんとしたところで、特に誰に見栄を張るものではない。沢村貞子は、ただ自分のための記録として献立日記を書き、台所にたって料理を作り続けた。22年分の記録を、80歳を過ぎて思いたって出版した。それも、出版で社会的認知を狙ったわけではなく、献立が参考になれば、程度の気持ちだったのは嘘ではないだろう。すでに社会的栄誉は俳優として手にした人だし、「主婦の献立」に栄誉が与えられた時代ではない。

私は、子供のころから、結構分別のつく年頃まで、ある時期まで自分は「お嫁さん」になって、専業主婦（時々パートくらいはするかもしれない）になると思っていた。特に親がそのように圧をかけていたということではなく、なんとなく「そういうもの」だと思っていた。将来の夢、といった作文はあったはずだし、子供の頃から本の虫ではあって、その中に多様な職業も登場していたし、男女雇用機会均等法は生まれる前に成立していたが、あまり深く考えることなく、ぼんやりしていた子どもだったからなのだが、なんとなくそういうものだろう、ぐらいのことしか考えていなかった。考えることそのものをしていなかった。

高校での友人が「フランスへ留学して服飾を極めたい」という話をしたとき、「女の子なのにすごい」とか「留学なんてよほど語学ができていないといけないのではないか」「留学なんてとてもお金持ちの人ではないとできないのではないか」など今からすれば恥ずかしいぐらいの素朴すぎる疑問を投げかけ、友人に色々教えてもらったことを思い出す。「たくさん本を読んでいる割に、なにも知らない」ことは、その後もよく実感することがあった。本は知識の塊ではあるけれど、偏ってしまえば偏った深掘りにしかならない。小説、神話、様々な生物については詳しかったけれど、私は社会に疎かった。

痴漢が嫌で（当時、女性専用車両はまだなかった）電車に乗れずに自転車通学通勤をしていたり、社会で嫌なことを感じる機会はあった。しかし、それを自分と社会に結びつけて考えられるようになったのは、ここ最近のこと。十代の頃の私は、庄司薫、村上春樹、村上龍、つかこうへい、60～70年代のことを読み齧っていたけれど、それは遠く昔のことのように思っていたし、世界は平和だと思っていた。端的に言ってアホウだった。本を読んで世間を知った気にはなっていたが、子どものゆりかごの中で自分だけを可愛がっていられる時間を長く持てていた。

それでも就職をして、世間に対峙していくと、世の中はびっくりするぐらい、まだまだ理不尽なことだらけだった。そんな時に、沢村貞子『貝のうた』を読んだ。１９９６年に逝去されており、１９９７年に『わたしの献立日記』が文庫化、そのあたりで書店によく積んであったのだと思う。こんな人生があったのか、ということに胸を打たれた。

以後、沢村貞子さんに憧れて、料理を作り続けて、献立を記し続けた。昼は弁当を用意した。

自伝『貝のうた』は彼女が生まれたとき「チェッ、女か」と父親に吐き捨てられたとの逸話からはじまる。当時は珍しいことではないだろうし、彼女も「差別」とは書かないけれど、意識していたことだからこそ、書かれたものだろう。「産褥の母にいわたりのことばもかけずに、さっさと芝居小屋へ戻ってしまった」と、見た訳でもないことを記すのも同じく。その後も、それとなく挟まれる出来事は、父親への敬意や愛情を表しつつ、母や彼女が軽んじられることの無念がにじむ。

その後も、彼女はどこか呑気なようでいて、嫌なことを見逃せない。教師になるために学業を励んでいたが、尊敬していた先生が同僚を追い落とす行為をしていることを見てショックを受け、結局退学をする。

教師も人間である。この先生は、ほんの少し人間味が多すぎただけのことである。文学少女を自認する私は、それまでに読んだたくさんの本のなかで、そういう人間の人間らしさをよく知っていたはずなのに……。私のこの幼い潔癖さは、いったいどこからきたものなのだろうか。この癖は、私の一生を通じて根深く、人生の残りの持ち時間が数えられる現在も、いまだに私の生活のなかに生きつづけている。（沢村貞子『貝のうた』河出文庫、２０１４年

本人も、それが潔癖のすぎることであることはわかっている。ただ、それが幼かったから、ということでなく書籍刊行時「人生の残りの持ち時間が数えらえる現在も」（おそらく60歳ごろ）とある。生涯をつらぬく「自我」の頑なさ、彼女の自分一人の判断を自分で負い、貫く姿勢に共感を覚えた。

その後、彼女は、以前「私は政治運動に向いていないんだもの」と思っていたぐらいであったのに、新劇のスター伊藤智子さんを見かけ「〈……男の人とおなじように、肩を並べ、議論しながら歩いている……これが、

これからの男女のあり方なんだわ〉」と感化され、左派の新劇の女優となっていく。

彼女は、治安維持法で捕まったときも、その「潔癖さ」を貫く。「働く人たちがみんなしあわせになるための運動は、人間としてしなければいけないことだと思います。悪いことをしたとは思いません。できれば、またやりたいと思います」と言い、検事と特高が大笑いしたという。ほんとうに、一字一句この通りに言ったわけではないかもしれないが、おおよそ、そうしたことを彼女は宣言したのだろう。本人が〈赤い雑魚〉と書くようにに、かかわっている組織の重要なことや全体のことを何か知っていたわけではないし、それは余裕ある態度の検事や特高がわかっていただろうことも、その態度から見て取れる。見せしめか、ちょっとした懲らしめ程度の拘留であり、一筆反省を書けばすぐ出られただろう。しかし、彼女はそうしなかった。「どんな世界にも捨て石は必要なのだ……」とは思ったようだが、彼女がそうすることで、何か社会が良くなることはなかったであろうし、それは彼女自身もわかっていたはずだ。ただ、彼女のなかにある芯がそうさせた。世間にうまく適当にあわせる、ということはしない。

私が、小学5年生のときのことだ。大阪出身の担任教師は教育熱心で、クラスをとりまとめることにも力をいれていた。修学旅行の成果物の合作絵画も他のクラスより良いものを、合唱コンクールに出場するクラスに選ばれること、そうしたことにも「自主的に」必ず取り組ませた。それは、放課後、クラスで居残って絵画を制作したり、合唱の練習をすることを意味した。私はただ単に疲れることはしたくないだけだったが、私立中学受験を目指していた友達は、塾に通っており、二人でさぼって放課後は勝手に帰っていた。当然、クラス中から総スカンではあったが、もともとそういうことを二人とも気にする性質ではなかったので、素知らぬ顔でやり過ごしていた。

ある日、私だけが担任教師に放課後呼ばれた。怒られるな、ということはわかっていたが、もともと「自主的に」の活動のはずだったし、すでにクラス中から白い目で見られている時点で、なんとも思っていないから、めんどくさいな、さすがに怒鳴られたりしたら嫌だな、と思いつつ、さすがに逃げ出しはせず、ついていった。

ほかに人がいない教室で、彼はひとくさりの説教をしたが、それに特にこたえる様子もないのを見て取ったのか、奇妙に媚びた声で言ったことを一言一句今でもはっきりおぼえている。

「なあ、お前は悪くないいんやろ。あいつにそそのかされて、ひっこみがつかんのやろ」

この人は私に友達を売らせようとしているのか。思わぬことに動揺しつつ、湧いた怒りの感情で殴りかかりそうになるのを、こらえてしまった。

「自分でやってる」

そう言うのが精いっぱいだった。問題になっても、殴ればよかったと今では思う。無茶苦茶に罵倒し倒したらよかったと思う。それはただ単に話術のひとつだったのかもしれないし、どの程度のつもりだったのかはわからないが、こいつは友達を売ることができそうと思われたんだ、と感じ、そのことが悔しくて情けなかった。友達には、ただ説教をされたとごまかし、担任の言葉を共有することはできなかった。彼女がスケープゴートに仕立て上げられそうだったことが彼女にとってもショックになるだろう、と思ったことと、私は懐柔できそうと思われたのだろうということを伝えたくなかった。私もまた小さい雑魚ながら暗く泥のような秘密を一人で抱えた。

その後も私たちはクラスで浮いていたが、クラスの子に泣き落されたのだったか、さすがに親ルートで説得されたのだったか、私も何回かは練習にも参加して、結局、私たちのクラスは学校代表のクラスに選ばれてコンクールに出場をした。何も楽しくはなかった。

その担任教師は、苦労人だった。高卒で工場で働きながら（夜学に通って？）教員資格をとった、と言っていた。工場で、失敗をすると指とかなくなるヤツおる、そういう苦労をしながら教師になった、勉強は大事、ということを繰り返し語っていた。灰谷健次郎の『太陽の子』のドラマを授業で見せ、教えてくれたのも彼だった。ふうちゃんのお父さんみたいな人はようけおった、戦争は終わってからも大変なんや、ということを話していた。私から見る彼は昭和の戦争の名残の影の印象がつきまとってた。１９８９年、昭和が終わった時に彼は担任であったけれど、昭和天皇について何を話したか、あるいは話していなかったのかは憶えていない。例えば体罰をするような誰から見ても明らかな加害性があったわけではない。彼がなぜあんなにも集団の調和に熱意があったのか、なぜただ叱るのではなく私にあのような誘いをしたのかは、定かではない。

幼い記憶だが、折にふれて思い出す。『貝のうた』のこの拘留の場面を読んでいた時も、私の方が他愛のないこととはいえ、このことを思い起こしていた。私たちは、一人でいることを試される。

沢村貞子の人生に話を戻す。保釈後に当局からの通達に違反し、再逮捕された時の取り調べは、さすがに特高も容赦がない。指のあいだに鉛筆を握らせ力を入れる。二人がかりで、裸を木刀と竹刀で叩かれる。それでも半年、まだ25歳の女性が一人で耐えた。しかし、彼女が捕まった理由として「旦那はすぐゲロ（白状）してくれたよ。おまえより、よっぽど素直にできているよ、あの男は……」と聞き、夫しかしらないことを警察が「知りすぎている」と夫の裏切りを確信する。それでも「自分の願いが真実だったら、たとえ夫、指導者、同志たちのすべてから、裏切られても、たったひとりになったとしても、その道をまっすぐに進むべきである。たしかにそれは、頭の中でわかっていた。わかってはいたけれど……私にはもうできない。そう感じた。」と彼女は転向する。事実がどのようであったかはここでは保留する。しかし、これを彼女が還暦をすぎて、我がこととして書ききったことｈｓ重たい。ここにも、残酷な孤独はあるが、私は彼女のほんとうの孤独、豊かな生活の孤独を、こうした体験を経たその後に見る。

「料理には愛情が第一」と、つくづく私が知ったのは、刑務所暮らしのせいである。」と、彼女は記す。ご馳走だからおいしいわけではない。その時々の状況や食べる人にあわせて料理するということ。そして、刑務所の中で、「頭の中で料理をするようになった」。

彼女は、なぜ「献立日記」を書いたのか。料理をし続けたのか。仕事をしている人であるから、外食したり、家政婦さんをお願いする経済的余裕はあった。実際、買い物は家政婦さんに頼んでいた。「そのために、献立をキチンと書いて渡してゆくことになっていた」。献立を考えて渡す手間を考えたら、多少賃金の負担はあるにせよ、お任せして作ってもらった方が楽ではないだろうか。『献立日記』では「なんとか、無事に働くためには食物がなにより大切、ということは身にしみてわかっていた。とにかく、おいしく食べなければ……それだけだった」とあり、ここだけを読むと、健康に気を使っているだけのように見える。しかし、それだって「胃に優しそうな軽いものを」だとか「今日は元気がでるこってりしたものを」と家政婦さんに指示すれば済む話ではないか。

仕事が忙しかった、としながら、「家へつくやいなや、手早く着替えて台所へとんでいって料理にかかった」、この執念的な行動は、『貝のうた』を読めば、彼女の暗く辛い経験、身体への暴力はもちろんだが、信じていた人の裏切り、また自分の意固地さ、さまざまな苦さを転嫁するための空想の料理を、成仏させるためのものではないか。「色刷りページはすくないころだったけれどくり返しよみ返し、空想のなかでこしらえる料理の色のでき栄えは、われながら見事だった」。雑誌のモノクロの記事、今のような華やかさのない記事から、彼女が生きるために必死で頭の中でつくりあげた料理、その輝きは彼女だけのものだ。その彼女だけの豊かなものを、それを作り上げた経験も含めて、私は孤独と呼び、肯定する。

彼女はひとりで生きてきたわけではない。孤立していた人ではない。ただ、自分が自分であること、他者と違ってもひとりで立つことを行い、しかし人を知り、転向もする、その苦さをつかんだ。

芸能界のような華やかな場所で、素敵な人たち、美しい人たちとも関わる。そんな交流もチャーミングに『わたしの献立日記』には描かれており、これだけを読むと、落ち着きある老女のいきいきとした生活の痕跡のように見える。もちろん、その側面もまちがっているわけではない。

台所は、彼女だけの場所だ。ひとりで立ち、菜を刻み、魚を処理し、出汁をとり、美味しいものを作る。血となり肉となるとはいえ、食事は食べれば、消えてなくなる。うたかたの芸術。

『貝のうた』の終盤は、太平洋戦争について記される。弟の出征。大阪で空襲にあったこと。

〈一日も早く、この戦争が終わりますように……〉ほんとうに、そう祈った。

「私はこんな戦争に反対です」

と、ひとりで叫ぶ勇気は、もうなかった。それを、自分で恥ずかしいと思った。（『貝のうた』より）

そして、終戦を迎えた。『老いの楽しみ』「わたしの昭和」でもこの戦争の記憶は描かれる。それに続く稿は「海外派遣だけはやめて！」。彼女の数多い著作のタイトルでエクスプラメーションのついたタイトルは、これだけだろう。

政府の偉い人の「武力の行使を目的としないＰＫＯの参加は、平和に関する憲法に違反しない」という言葉が信じられなかったからだ。（『老いの楽しみ』より）

と、平和憲法への維持の祈りが綴られている。私が、これら沢村貞子さんの著作物に触れたのは20代前半の頃。沢村さんの生き方に感動をしたし、真似事の料理もしていた。しかし、当時の私は政治には無関心で、自分のことだけで精いっぱいだった。

30代のころは仕事も忙しくなって自炊もほぼしなくなり、沢村さんの著作を読み返すようなこともなかった。政治には相変わらず無関心で、選挙にどのくらい行ったかどうか、憶えていない。

「働く人たちがみんなしあわせになるための運動は、人間としてしなければいけないことだと思います。」と関心を持つようになるのは、30代も半ばになってからだ。

それでもまだ、河野真太郎氏に『戦う姫、働く少女』という女性の働き方に関する本をお書き頂きながら、「地味なフェミニズムの棚では売れないから、文芸批評の棚に置かれるようになってほしい」と思っていた。２０１７年、チママンダ・ンゴズィ・アディーチェの本が紀伊國屋書店新宿本店の2階で展開されているのを見て、フェミニズムの本も、この場所に置かれるようになった、と思った。そして『戦う姫、働く少女』が刊行され、２０１７年10月にワインスタインのセクハラ報道で #MeToo 運動が盛んになり、フェミニズムが世界中で一気に前面化した。喜びの反面、いつもうしろめたさがあった。戦前、戦中、戦後、80年代、私が立派に成人しているのにぼうっしていた90年代、00年代も、フェミニストとして活動していた人たちがいた。私はにわかフェミニストでしかない。フェミニスト、と名乗ることもずいぶんためらっていたのは、その呼称が恥ずかしいからではなく、そう名乗る資格が自分にない、と思っていたからだ。

２０２０年、国際女性デーに寄せてフェミニストを「なりたくなかったあれ」と表現した文章が物議を醸した。それを乗り越えて今では、という主旨の文章であり、フェミニズムをけなす文脈ではなかったが、礼儀にはかける表現で、別のタイミングがよかったのかもしれない。しかし、その望ましくない感覚はかつて私にもあったものであり、私は彼女を非難しきれない（その資格はない）、と表明した。

政治にも、フェミニズムにも、ずいぶん、無関心だった。

そして、沢村貞子さんのことを、久しぶりによみ返した。

彼女の人生、体験の凄さを、20代のころと違った重みで受け止めた。彼女の料理、献立帳、台所の孤独を、初めて思った。そして平和への願いも、改めて受け取った。

フェミニズムは一人一派、と言われる。私はある原稿で「間違うくらいなら、荒野に一人でいい。」と書いた。発言する時は、ひとりで砂漠の中の砂丘にたち、遠くの砂丘にまた別のフェミニストが立っているイメージを、今でも強くもっている。

もし片方の手や足があなたをつまずかせるなら、それを切って捨てなさい。両手両足がそろったまま永遠の火に投げ込まれるよりは、片手

片足になって命に入る方がよい。（マタイ 18.8 ）

私が、ほんとうに片手片足になるまで、信念に殉じることが出来るかはわからない。あまり自信はない。ただ、砂丘によろよろと、ひとりで立つイメージは、ずっと持ち続けている。その視界の端っこには、同じく、別の砂丘にそっと立つ沢村貞子さんの姿もある。

私にとって、彼女は大事なフェミニストアイコンであり、台所の、生活の、孤独の人だ。

そして、同じように、生活の中で、台所で、ひとり孤独に在るたくさんの、それぞれの砂丘に立つ女性たちのことを、沢村貞子さんの向こうに見る。

わたしたちは、一人一派で孤独に生きている。

青鬼の褌を洗う女　生きる孤独

ずっと、主人公のサチ子の在り方が私は好きでたまらない。坂口安吾の短編小説『青鬼の褌《ふんどし》を洗う女』（以下、『青鬼』と略す）のサチ子、彼女はただ彼女である。成り行き任せでだらしなく生きている、その中に彼女の芯はなく、ただ空洞があるように見える。しかし、それ自体が彼女の芯なのだ。そのことを示すとりわけ印象的な2節がある。少し長いが、サチ子を知ってもらうために引用する。

私は元来無口のたちで、喋らなくてもすむことなら大概喋らず、タバコが欲しい時にはニュウと手を突きだす。タバコちょうだい、とってちょうだい、そんなことをいわなくともタバコの方へ手をのばせば分るのだから、黙って手をニュウとだす、するとその掌の上へ男の人がタバコをのせてくれるものだときめているわけでもなくて、のせてくれなければタバコのある方へ腰をのばしてますますニュウと手を突きのばして、あげくに、ひっくりかえってしまうこともあるけれども、私は孤独になれていて、人にたよらぬたちでもあり、怠け者だから一人ぽっちの時でも歩いて取りに行かず、腰をのばし手をのばして、あげくに掴んだとたん、ひっくりかえるというやり方であった。けれども男は女に親切にしてくれるものだと心得ているから、男の人が掌の上へタバコをのっけてくれても、当り前に心得て、めったに有難うなどとはいったことがない。

だから私はあべこべに、男の人が私の膝の前のタバコを欲しがっていることが分ると、本能的にとりあげて、黙ってニュウと突きだしてあげる。そういうところは私は本能的に親切で、つまり女というものの男に対する本能的な親切なのだろう。その代り、私は概ねウカツでボンヤリしているから、男の人が何を欲しがっているか、大概は気がつかないのである。しかし根は親切そのもので、知らない男の人にでもわけへだてなく親切だから、登美子さんは私のことを天下に稀れな助平だという。つまり、たまたま汽車の隣席に乗り合せた知らない男の人がマッチを探しているのを見ると、私は本能的に私のポケットのマッチをつかんで黙ってニュウとつきだしてあげる。私は全く他意はなく、女というものの男に対する本能だもの、これは親切とよぶべきもので、助平などとは意味が違うものなのだ。電車の中で正面に坐っている美青年に顔をほてらせたり、からだが堅くなったり、胸や腰がキュウとしまるという登美子さんが、それも本能だろうから、私は別に助平だとは思わないが、私にくらべて浮気だろうと思うのである。

(坂口安吾『青鬼』より。以下、本章の引用は別途指し示すもの以外、本作品からの引用)

「女というものの男に対する本能的な親切」などといった描写はジェンダーの扱いとしては現在評価しがたいが、前段に「そういうところは私は本能的に親切で、」とあり、「人というものの人に対する本能的な親切」で成立するし、小説全体やサチ子というキャラクターが、女性性だけに強く規範化されているかというと、そういう風には読めない。坂口安吾が描いたのは、人として普遍の孤独だ。

自分の要求は提示する。しかし要求の実現は偶然性に委ねられている。実現したとてそれはただの偶然性の成果だからお礼をいう必要もない。自分がもっていれば差し出す。そこに他意はない。他者は完全に他者として存在しており、自己に介入しない、させない。ほかの人間の存在をサチ子は、ふとすれちがった野良猫と同じようにただある自然、風景のように扱う。だからこそ、親しく付き合いを持った関取から心中を迫られた時は、関取の求めに「本能的な親切」で応じることはなく「我を通すのは卑怯じゃないの。私は死ぬことは嫌いよ。そんな強要できて？　死にたかったら、なぜ、一人で死なないの」と突き放す。

唯一、その他者との距離感の理解者、久須美には思い入れを示すが、彼のことも冷めて見ている。

私は知っている。彼は恋に盲いる先に孤独に盲いている。だから恋に盲いることなど、できやしない。彼は年老い涙腺までネジがゆるんで、よく涙をこぼす。笑っても涙をこぼす。しかし彼がある感動によって涙をこぼすとき、彼は私のためでなしに、人間の定めのために涙をこぼす。彼のような魂の孤独な人は人生を観念の上で見ており、自分の今いる現実すらも、観念的にしか把握できず、私を愛しながらも、私をでなく、何か最愛の女、そういう観念を立てて、それから私を現実をとらえているようなものであった。

私はだから知っている。彼の魂は孤独だから、彼の魂は冷酷なのだ。彼はもし私よりも可愛いい愛人ができれば、私を冷めたく忘れるだろう。そういう魂は、しかし、人を冷めたく見放す先に自分が見放されているもので、彼は地獄の罰を受けている、ただ彼は地獄を憎まず、地獄を愛しているから、彼は私の幸福のために、私を人と結婚させ、自分が孤独に立去ることをそれもよかろう元々人間はそんなものだというぐらいに考えられる鬼であった。

久須美が鬼ならば、サチ子もまた鬼だろう。その覚悟は「のたれ死」の予感として示される。

私は野たれ死をするだろうと考える。まぬかれがたい宿命のように考える。私は戦災のあとの国民学校の避難所風景を考え、あんな風な汚ならしい赤鬼青鬼のゴチャゴチャしたなかで野たれ死ぬなら、あれが死に場所というのなら、私はあそこでいつか野たれ死をしてもいい。

私がムシロにくるまって死にかけているとき青鬼赤鬼が夜這いにきて鬼にだかれて死ぬかも知れない。私はしかし、人の誰もいないところ、曠野、くらやみの焼跡みたいなところ、人ッ子一人いない深夜に細々と死ぬのだったら、いったいどうしたらいいだろうか、私はとてもその寂寥には堪えられないのだ。私は青鬼赤鬼とでも一緒にいたい、どんな時にでも鬼でも化け物でも男でさえあれば誰でも私は勢いっぱい媚びて、そして私は媚びながら死にたい。

わがままいっぱい、人々が米もたべられずオカユもたべられず、豆だの雑穀を細々たべているとき、私は鶏もチーズもカステラも食べあきて、二万円三万円の夜服をつくってもらって、しかし私がモウロウと、ふと思うことが、ただ死、野たれ死、私はほんとにただそれだけしか考えないようなものだった。

彼女は「ひとりでいること」ではなく、「媚びて死にたい」という。それは一見、孤独と違うようでいて、わがままなありようも含めて、ただひたすら自然的な他者によって輪郭作られ、その空洞、空洞のガワとして成立する自己のこと、その破滅のことを言う。坂口安吾の『堕落論』『白痴』そして『青鬼』は男女のこと、肉体と精神について、旧来の道徳をただ否定したのではない。孤独である、ということは、ただ自意識の屹立ではない。人間が人間でありつつ、ただ「在る」だけのものでいい。その中で、他者から離れてひとりでいる、ということではなく、人間も自然的なただある他者であり、その中で孤独でいられる、その孤独を描いている。

他者に期待しない、ということはただ冷たく突き放しているのではなく、

「人間は可憐で脆弱」と書く時点で、安吾は人間を愛した上で距離をおく。サチ子は安吾が作り出したキャラクターだが、安吾自身よりさらに空虚で孤独で鬼に近い。私は安吾よりいくらか社会にはコミットすることを望み、政治にも期待はするが、サチ子のように孤独で破滅を受け入れる鬼であると感じる。

鬼ではなく、孤独で虎になった話がある。才能ある若者だった李徴が「性、狷介、自ら恃むところすこぶる厚く」、そのため勤めを続けることが難しくなり、ついに発狂して虎となった。中島敦『山月記』は、李徴の苦しみが見事に描ききられた傑作として読み継がれている。李徴は「臆病な自尊心と、尊大な羞恥心」という他者への向き合う己の在り方に悩み、その虎の心が肥大して虎に転じた。この「臆病な自尊心と、尊大な羞恥心」

は国語の教科書にも取り上げられることも多く、思春期の過剰な自意識などとも重ね合わせられ、少し難解な文章ながらも親しまれている。エミリー・ディキンスンが隠棲しながらも自分の才能を磨いていたのに対し、彼は「才能の不足を暴露するかも知れないとの卑怯な危惧と、刻苦を厭う怠惰」でもって「臆病な自尊心を飼い太らせた」と自省する。彼は弱い人間だったが、才はなかったのだろうか。冒頭から「博学才穎」とあり、決して無能ではない。では、さらに分け入ると、なぜ「卑怯な危惧」が生まれ、「刻苦を厭う」たのだろうか。

冒頭に「文名は容易に揚らず」とあり、詩人として生きるには彼が生なす人の世でまず認められねばならず、また「生活は日をおうて苦しくなる」、それによって生活を支える金銭を稼ごうとしていた。この時点ですでに彼は自分の才能を市場に売っている、売ろうとしている。市場でうまくやること、市場を成す人々とうまくやることが彼に課せられており、それは詩作そのものとの対峙ではない。彼が逃げ出したのは、詩作ではなく、あくまで「人と交わる」ことだ。「進んで師に就いたり、求めて詩友と交って切磋琢磨に努めたりすることをしなかった」とあるが、エミリ・ディキンスンも陶淵明も隠棲して己の詩を磨き、後世に評価された。彼に世渡りの能力があまりなかったのはそうであるにせよ、それであれば虎のように孤絶するまえに、妻子も捨て、隠遁し、「友人の少かった李徴にとっては、最も親しい友であった」袁傪へでも詩を勝手に送りつけながら自身の道を究めればよかったのだ。

そうするには、彼はむしろ優しかった。「貧窮に堪えず、妻子の衣食のためについに節を屈して、再び東へ赴き、一地方官吏の職を奉ずる」ことさえした。むしろ虎にでもならなければ、彼は人と交われない自分を恥じることを捨てられなかった。彼を追い詰め、「臆病な自尊心と、尊大な羞恥心」「才能の不足を暴露するかも知れないとの卑怯な危惧と、刻苦を厭う怠惰」を育てさせたのは「官吏たるものこうあるべき」「詩人たるものこうあるべき」「夫・家長たるものこうあるべき」という周囲の規範ではなかったか。そういう意味でいえば、無害そうな顔をしている袁傪だって、彼を追いつめた社会の共犯者だ。

『青鬼の褌を洗う女』のサチ子が自由なのは、まずそうした規範からだ。李徴がサチ子であったならば、何もかも捨て、「黙って手をニュウと」だし、そんなことを「当り前に心得て、めったに有難うなどとはいったことがない」として気ままに生きただろう。

虎になって、人の評価などから離れ、思うさま吠え、「このままでは、第一流の作品となるのには、何処どこか（非常に微妙な点に於おいて）欠けるところがあるのではないか」などと言わせない、完璧な詩を作ったのではないか。例え、それが人の世に残らないものだったとしても。李徴が李徴のまま、「性狷介」な個性がそのまま、ただ市井にいられること、詩のために孤独でいられる社会の方が、豊かだ。

『山月記』は教科書に多く登用されている。それは、作品が見事であるからだけれど、読んだ子どもたちが「李徴の欠点」を見いだし、「そうならないようにコミュニケーション巧者でありたいね」と感想文を提出するのであれば、私はそれを苦々しく思う。

繊細な詩人が、繊細なまま、他者へ威嚇的であってもほうっておけばよい。ニコニコと上手いことばかり言って業界関係者の中で地位を形成し、それを頼みにまた権威をつくっていくような、そういう者は、虎に食われてしまえばよい。李徴よ、虎であれ。

「めったに有難うなどとはいったことがない」主人公は、萩尾望都の『感謝知らずの男』がタイトルそのままに、他人と関わることを厭い、押し付けの親切への感謝を拒む。バレエダンサーを目指すレヴィは不眠症で、ひとりでしっかり眠りたい。しかし、ルームシェアメイトのモリスとその交際相手のミリーは「困ってる人をほっとけない」とレヴィの部屋にテレビを持ち込んだり、何かと彼を構おうとする。「いや別にお礼なんかいいんだ」と繰り返し言いながら。あげく、それらを「迷惑！」と最後切り捨てたレヴィに「きみは変だよ！きみには人格にどっか欠陥があるんだよ！」「きみは人の温かい親切や好意に感謝できない人間なんだよ」という言葉を投げつける。お礼はいらないのではなかったか。

レヴィは「ああ　ぼくは　もっともっとわがままになりたい　五つのダダッ子のように　世話され与えられそして決して見返りは求められない感謝しらずの男になりたい」と考える。「五つのダダッ子のように」としながらも「感謝知らずの子ども」ではなく、「感謝知らずの男」、あくまで成人として「感謝知らず」でありたい、と願う。レヴィはただのわがままなのだろうか。

彼の兄のショーンは不潔恐怖症で、基本的には施設から出ることができない。誰よりもレヴィのバレエの理解者で、「……みんな天使……　みたいだった」「ああ　ぶ舞台って　きれいで　ゆ夢みたいだ…」とバレエの舞台を見て涙する。他者・外界を拒む極北がショーンだ。『感謝知らずの男』は連作になっており、同書内に収録されている「狂おしい月星」は、「感謝知らずの男」から数年後のレヴィとその周辺を描いている。ショーンは、入院から4年が経過しており「社会に出て人とつきあったり仕事したりする自信もないし…病院なら安全だろ」と自分が見た夢を語る。「ぼくの脳とぼくの神経はキラキラと輝く白い水晶でできているんだ　ぼくはこんなに美しいのに外はとても汚い水たまりなんだ　本当にこわかったよ」。入院しているという設定の彼の状態を素人が安易に診断めいたことは言えないが、非常に繊細で、自己と他者・世界との関係がうまくいっていない状態ということは指摘して差し支えないだろう。しかし、彼の症状を軽く見積もるわけではないが、そうした悩みは、誰でも少しは持ちうるもので、「感謝知らず」のレヴィも友人となったカメラマンのアーチ―と世界との距離感について語る。「疎外感があるってこと？多かれ少なかれ　そういうの誰でもあるんじゃない？」（略）「……この世界はなんだか死んだ人間たちの見ている夢のような……」「なぜだろう？ずっと小さい頃からそういう不安があるんだよ」。そしてアーチーは「だから君は踊るんだ」と答える。『山月記』の李徴が、もっと繊細なキャラクターであれば、それはショーンであったかもしれない。そして、ただひたすら詩の世界に没頭できていれば、ダンサーとして成功するレヴィであったかもしれない。レヴィと似たような繊細さを持っていたアーチーは、物語が進むにつれ、感性だけにまかせた作品作りの限界と社交の世界に飲まれたことによって落ちぶれていく。アーチーもまた経路が違った「臆病な自尊心と、尊大な羞恥心」を抱えた李徴だ。

レヴィは「感謝知らず」から始まるが、「夢だったとこりるそばからおまえは見ていた夢をまた恋しがる」と旧友のシグに指摘される。クールなようでいて、彼は孤独を求めるのではなく、孤独も持ちうるが、人恋う人間だ。『感謝知らずの男』に収録した別の主人公の作品「ジュリエットの恋人」や『ローマの道』など萩尾望都のバレエ漫画に登場するレヴィは、落ち着いて物静かな印象ではあるものの、「感謝知らず」の「だだっ子」のように人を遠ざける面影はなく、むしろ親切ですらある。萩尾望都による人物造形を責めたいのではなく、一般的に、それが妥当な成長であり、豊かであることは間違いがない。特に集団芸術である舞台にかかわるアーティストを現実に即して描くのであれば、孤独を貫くということは破滅型の天才のような形でしかありえないだろう。ただ、ショーンはいくらか回復の兆しを見せるものの、彼の顛末は描かれることがない。私はショーンのような人が水晶のような神経を保ちながら、隔離ではなく、孤独に生きていける社会があってほしい。

だからこそ、「だだっ子」のまま、気ままなままのサチ子という人物造形は、見事でほかになかなかないものなのだ。

坂口安吾は、なぜこの主人公を男性ではなく女性に設定したのか。「男」の規範・呪縛はとても強く、『堕落論』で従来の規範を否定し「人は正しく堕ちる道を堕ちきることが必要」と書いた安吾でさえ、「女々しくて良い」とジェンダーの規範を取り払うことはできなかった。だからこそ自由を与えられたキャラクターは女性であり、「本能的な親切」というものを人間全体ではなく「女というものの男に対する本能的な親切」という女性性にしか付与できなかった。『青鬼の褌を洗う女』が『白痴』よりも完成している、と私が感じるのもその点だ。『白痴』ではその自由の理由を知的障害や性的奔放へ求め、それを女性に付与し、理知的に男性を語らせ、人間が自由に人間であることをただ理知から逃走することのように描いた。

サチ子はだらしないようでいて、十分に理知的であり、人間が社会で押し付けた規範からは自由に振舞い、「私はだんだん考えることがなくなって行く、頭がカラになって行く」、お仕着せの規範をすべて放棄してゆく。退屈で、懐かしい景色は、その果てのユートピアだ。

エミリ・ディキンスン　隠棲の孤独

表現は誰かに見られてこそ、と言われる。音楽や踊り、絵など感覚へ直接訴える表現は他の動植物にも響くけれど、言語表現は（今のところ）人間にしか通じないし、人間同士でも使用している言語が通用しなければ、意味は届かないかもしれない。

誰にも知られずに作品を作ったアーティストは幾人もいて、例えばヘンリー・ダーガーは有名だ。彼は誰にも見せることなく約60年、ひとつの物語のテキストと絵を作り続けた。その作品は彼の死後、部屋を片付けていた大家のネイサン・ラーナーによって発見され、ラーナーの慧眼によって世に出、のちに遅い脚光を浴びることになった。もし、ラーナーがただの親切な人物でアートに関心が薄かった場合には、ダーガーの残した生活の残り物と一緒にゴミとして処分されていた可能性は高い。もしかしたら、ダーガーのようにひそかに作り続けていたけれど、誰にもかえりみられることなく、処分され、世の中から消えていった傑作は少なくないのかもしれない。そういう意味で言えば「表現は誰かに見られてこそ」ではあるが、そもそもダーガーがただ自分のためにだけ作っていたのであれば、世に出てくれてよかったというのは他者のエゴで、それで完結してもよかったとも言える。どちらにしても、生前の彼もまた間違いなく孤独の人だ。しかし、彼は社会的な不遇によって、否応なしに孤独となった人であり、資料の少ない中で、彼の孤独をただ肯定することはためらわれる。作品が、死後の他者の評価ではなく、彼自身の魂を救っていたことを願う。

生前に名声を得ないことを選びとりながら、死後、アメリカ最大の詩人とも称されるほどの高名を得た人物がいる。エミリ・ディキンスン。彼女はアメリカのマサチューセッツ州アマーストの名家に生まれ、その生涯の多くを家にこもって過ごした。

ディキンスンが最初からまったく他者の評価を拒んでいたわけではない。当時の著名な批評家のトーマス・ヒギンスンへ詩を送り、その批評を乞うている。しかし、ヒギンスンは彼女の詩に「手をいれる」ことを提案し、彼女はそれを「素足のままの方が、私にはいいのです――」という表現でもってそれを断った。それ以前にも、彼女には新聞社の編集者がきて詩集を出す相談をしており、彼らはディキンスンが「出し惜しみをしている、世の中のために使いたい」と申し出たそうだ。彼女は生前に「出せなかった」のではなく「出さなかった」。編集者たちの訂正を受け入れ、当時の世に受けいれられやすい形にしていたら、当時、彼女はそれなりの名声を博しただろう。ただ、その詩が現在のように「アメリカを代表する」とまで言われる詩、詩人として残ったのかは疑問だ。彼女はあくまで自分の詩の完成形を信じ、人から手を入れられることを拒んで、ひとりで自分の詩を完成させることを選んだ。

「出版　それは競売／人の精神の」
Publication – is the Auction
Of the Mind of Man –（p-709、以下、詩の番号はジョンソン版）

と彼女は言い切った。

そして、それは見事に成功した。「これは世界への私の手紙 This is my

letter to the World」（p-441）と世界へ向けて、彼女は書きながらも、生前の名誉は遠ざけた。その後も、ヒギンスンとの文通は継続するなど、世間とのつながりを断ったわけではなく、断ったのは自分の生きているあいだの名声だ。

その後の成功が約束されているならば、生きている間の孤独や不遇にも耐えられよう。しかし、それはわかるものではないし、死後の名誉を本人が体感することはできない。もし、自分の承認欲求を満たしたいのであれば、生きているあいだにうまく立ち回る方が良い。そうした選択を軽んじるつもりはない。どちらが良いかは、あくまで本人次第であり、ディキンスンは自分の詩を自分が完成して大切にすることを選んだ。

ディキンスンより少し後の女性作家ヴァージニア・ウルフは『自分ひとりの部屋』で「女性が小説を書こうと思うなら、お金と自分ひとりの部屋を持たねばならない」と書いた。「自分一人の部屋」は物理的なスペースもそうだが、何より心のありようだ。ディキンスンは「自分ひとりの部屋」を、ほんとうに、誰にも踏み入らせなかった。

彼女の「自分の自分による自分だけの選択」は、若い時からはじまっている。ピューリタンの地アメリカでも当時の産業革命の進む都会は生活における信仰への帰属は薄れてきており、それに反発するように地方では信仰復興運動が進んでいた。ディキンスンの住むアマーストはそうした地域の一つであり、まして彼女の家はそうした信仰を重んじるアマースト大学の創設者の一族であり、だれしもが、生まれて親の判断のもと授けられる洗礼だけでなく、おおよそ青年期になってから再度自分の意思で信仰を選ぶ「堅信」を受けることが当たり前だった。しかし、彼女は周囲のそうした「そうするのが当たり前」という行為を拒否した。彼女が信仰そのものを捨てたのかというと、その後に書かれた詩を見れば、神との対話自体は彼女の中にあったことが見て取れる。しかし、お仕着せの信仰的態度を彼女は受け入れなかった。自分の選択で生き切る。そのことにまったく迷いがなかったかといえば、おそらく気持ちが揺らぐこともあったのではないだろうか。しかし、その気持ちの揺らぎも含めて、彼女は自分が感じる、思うすべてを詩に昇華した。

ディキンスンは55歳で没する。その死の4年後にヒギンスンと、ディキンスンの詩の理解者であり兄の愛人であったメイベル・ルーミス・トッドによって第一詩集が刊行される。しかし、それはディキンスンが生前に拒絶していた「現代風に手を入れる」改稿がされたものだった。もし、それがディキンスンの生前に企画されたものであれば、彼女は刊行を許していなかったかもしれない。そして、もしディキンスンが知人の誰より長生きをしていた場合には、老女のひそかな書き物は誰にも発見されずに焼却されていたかもしれない。ディキンスンは生前、「自分ひとりの部屋」を勝ち取ったが、それは完全に彼女だけのもので終わったわけではない。そして、第一詩集はさほど評価されずにいたが、その後も、相続をめぐるゴタゴタもありつつ、関係者たちがディキンスンの詩集刊行を続け、彼女はようやく彼女の新規性を理解する未来の読者、20世紀の読者たちによって見つけられ、本来の輝きを取り戻して評価が高まっていった。これらも、少しの偶然が異なれば、まったく忘れられたかもしれず、彼女の投げた賽は、やはりわかっていて出せるものではなかった。

それでも、彼女は孤独によって、彼女の詩を守った。

冒頭で、ダーガーと比較すれば恵まれているように書いたものの、彼女が家庭、社会、宗教、ジェンダー、様々な形で軋轢なく全てから自由な中で孤独を選んだわけではないだろう。彼女が隠遁生活を送っていたのは視力や病気等、身体的に家から出る不都合があったのでは、という説もある。すでに女性詩人は世に出ていたとはいえ、居住する地域の保守性や立場からすれば、彼女が「女だてらに」世にうってでることのハードルは低くなかった。もし、彼女が男性であれば、父親の仕事を手伝いながら、あるいは反発して家を飛び出して、それでも詩人として声高らかに活躍していたかもしれない。もし、健康・収入等社会的に安定して現代日本に生まれていたら何等か職に就きながら、商業出版は避けても文学フリマに一人で出店をして、気にいってくれる人にだけ頒布していたかもしれない。

私も、ずっと小説を書いているけれど、それをあまり人に言うことはなかった。ディキンスンのように、望まれてもいたけれど自ら避けていたわけではない。子どもの頃から「うそっこ話」を当たり前のようにつくっていて、その延長で、ただ書き続けており、特にそれ以上のことがなかったからだ。ディキンスンは、大谷翔平がなぜかプロ入りしないようなものだろう。私は草野球を楽しむように、自分のために書くことを楽しんでいた。甲子園球児レベルならいざしらず、その手前で楽しんでいる人に「なぜ大リーグを目指さないのか」とは言わないだろう。勝ち負けのあるゲーム、スポーツなどは勝敗やジャッジによって、一般から見てもプロを目指すレベルかどうかは明らかなケースだ。芸術方面でも、音楽や美術も、美大や音大に通っていたからといって「プロを目指すのか」というのは短絡的だとは思うが、まだわかりやすい。「小説を書いている」というと、どういうものを書いているのか、何故書いているのか、などの問いより先に「小説家（プロ）を目指しているの」と聞かれることが非常に多かった。それだけ、「小説家」は職業として確立しているように世間では見えている、ということかもしれないが、必ずしも、食べるための生業ではないあり方もあるだろうし、その問いを受ける答えとしては「自分のために」という答えはあまり回答として受け入れられず、結局「プロを目指していない」「自分が職業として食べていける自信がない」とネガティブな受け答えをせねばならないことが嫌で、いつしか言うことを止めて、本当に自分のためだけに書くようになっていった。

表現が、多くの作者不詳に見られるように（もちろんそれらの中にも名声を望みながら、ただ記録が失われたものもあろうが）素朴な楽しみであったことと同時に、他者の承認や、名声、職業のためのものでもあった。しかし、特に近代以降は、それらが前提化されすぎているように思う。技術革新等によって、より人々が表現をしたり、それを発表しやすくはなっていて、それ自体は表現の多様性の実現として望ましい。しかしその一方で、その承認欲求をめぐる課題、生産する側と消費する側の関係性（推し文化）などはより複雑化してきている。先にディキンスンは「文学フリマで自分の作品を頒布しているかも」と書いたが、自分の表現を守るためとしては、むしろ彼女はより深く自分の殻の内側にこもったかもしれない。他者に認められたい、という気持ちは、ささやかに友人へ認められれば十分、という場合から、広く世間に知らしめて賞賛を得たい、というものまで、幅あっても存在するもので、それが少し強めな虚栄心であったとしても、それによって他者を傷つけるものでなければ、生の欲動として肯定される。制作者のアイデンティティ、輪郭を形作るためのパーツのひとつでもある。他者による承認を一切必要とせず生きることが出来る人はまれだ。私たちは他人の評価を多かれ少なかれ気にして生きている。どうしてもそうした枠組みからは逃れたい。他者の声、他者の声を気にしてしまう自分。そうしたものから逃れたい場合に、孤独は有効だ。ディキンスンはそちらを選んだ。

自分で自分自身の世界を人知れず書く。それは自分の消滅と同時に作品を消滅させる可能性をはらむ。それでも、ただひたすら表現する、ということは、現代も行われている。

２０２３年10月に刊行された『小山さんノート』は、小山さんと呼ばれていた、テントで一人暮らしをしていたホームレスの女性が残したノートを、有志が集まって丁寧に編纂した本だ。有志メンバーの中で、生前の小山さんに会ったことがあるのは二人だけ。ただ、小山さんが残した約80冊のノートを通じて、有志メンバーは繋がり、編纂して本にまとめた。まとめた、と書くのは一言だが、その分量や内容の取捨は決して楽なことではない。小山さんがどういう人であったか。どのように生きたか。その奥行をきちんと知ることができる本になっていることは、携わった方たちの思いや丁寧な作業が思い起こされる。「時間の許される限り、私は私自身でありたい」、小山さんは可能な限り、自分の孤独な魂を守って生きた。表現することは、誰に見せるでなくとも、そのよすがであったろう。小山さんが体験されたさまざまな困難のことは、社会の不具合として、そうあるべきではなかったが、彼女の残したノート、また有志メンバーがそれを世に出したこと、広く受け入れられたことを良かったこととして受け止めたい。小山さんもまた「自分ひとりの部屋」を持った、ウルフであり、ディキンスンであった。

サン＝テグジュペリ　仲間と孤独

孤独を愛する人は、ずっと一人でいなければならないのだろうか。寂しさは、仲間を求める。それは常になれ合うことではなくて、遠く一つ一つの星にありながら、思い合って繋がることだ。星の王子様はその美しさを描いた作品だが、作者のサン＝テグジュペリにおいては、それは決して美しいだけのものではなく、戦争という暗い現実によって、その繋がりは利用されてしまった。

サン＝テグジュペリはサハラ砂漠で遭難し、過酷な体験をした。代表作『星の王子さま』は美しい物語として世界中に知られており、その着想を得た砂漠での遭難については１９３９年に『人間の土地』に記されている。その経験を経てなお彼は飛行機に乗り、１９４４年、地中海で死した。

作家でもあり、彼は地上で暮らす手段もあったはずだが、空を飛び続けた。当時の飛行機は今よりずっと危険で、飛行機乗りは常に死の危険と隣り合わせだった。「死を軽視するなんて笑止千万」と言いながら、彼らは飛んだ。彼らは飛行士仲間の友情を大切にし、地上の人たちのため、と言いながら、その空を飛ぶ間は（二人乗りなどの場合はあれど）、多くの人と交わらない孤独、空の中でただ1人であることを愛していた。『人間の土地』には、繰り返し人との繋がりが描かれる。

絆を取り戻そうとしなければならない。平原のそこここに燃える灯のいくつかと、心を通わせようとしなければならない。(『人間の土地』)

真っ暗な空の中で飛ぶことについて、彼は決して美化して書くことはない。それは過酷な仕事で、時に僚友を失うこともあり、とても大変な仕事だ。名誉を感じることもあるだろう。しかし、幾度も死の危険を感じながらも、彼とその仲間たちは何度も空へ戻っていった。

メルモーズはこんな具合に砂と山と夜と海を開拓した。一度ならず砂や山や夜や海の中に姿を消したが、その彼が生還するのはつねにまた出発するためだった。(『人間の土地』)

生きる、ということと、人と交わる、ということを彼らは求め続けながら、それらを具体的に手に入れようとはしない。そして、遠くにありながら、人の交わりのことを大切に思うのだ。

ぼくら以外のところにあって、しかもぼくらのあいだに共通のある目的によって、兄弟たちと結ばれるとき、ぼくらははじめて楽に息がつける。また経験はぼくらに教えてくれる、愛するということは、お互いに顔を見あうことではなくて、いっしょに同じ方向を見ることだと。

職業を使命感だけで選択することは多いとはいえないだろう。向き不向き、才能、またそれらの中で最も多く稼げるかどうか。飛行機乗りの職は技術的にも難関であろうし、危険さも考慮されて給与の水準は高い。必ずしも使命感だけではなく、家族のためなどで仕事をつづけたケースもあっただろう。だとしても、彼らは飛ぶ限り、飛び続ける仲間である限り、その誇りと友情を大事にしていた。しかし、そうした美しい関係性も戦争が影を落とす。

砂漠と化してしまった世界の中で、僕らは仲間を見つけたいという渇きに似た欲望に苛まれていた。戦友と分かち合うパンの味に惹かれて、戦争の価値を認めるようになったのもそのためだ。だが、じつは、同じ目的に向かって走るレースに参加し、触れ合う肩の温かみを感じるのに、戦争は必要ない。僕らは戦争に誑かされている。憎しみという感情が付け加わったところで、レースの興奮がわずかなりとも増すわけではない。

どうして僕らが憎みあったりするだろう。僕らはこの世界に対して連帯して責任を負っているのだ。僕らは皆、同じ惑星によって運ばれていく仲間であり、同じ船の乗組員なのだ。さまざまな文明がぶつかりあいながら新たな統合を目指すのはいいが、互いにむさぼりあうのはごめんだ。（『人間の土地』）

「仲間を見つけたいという渇きに似た欲望」は「戦争に誑かされ」た。孤独によって寂しさを感じるとき、仲間を必要とするとき、それは巧みに利用されうる。飛行機の多くは郵便物ではなく爆弾を抱え、戦争の主役として最前線で「平原のそこここに燃える灯のいくつかと、心を通わせよう」とするのではなく、灯を、人を破壊した。サン＝テグジュペリ自身は偵察隊の任についていたが、それだって戦争の一部だ。『星の王子さま』では、実業家が「5億1622万2731」の星を数えて、所有している。それに対し、王子さまは「ぼくは1輪の花を持っている」という。人を、輝く星を、多数の一部と見るならば、それは対して意味のないものかもしれない。1輪と向き合うからこそ、意味が生まれる。人々の灯を見下ろす対象としてでなく、「いっしょに同じ方向を見る」ときに、はじめて他者が大事なものとなる。空を飛ぶ孤独の目は、施政者たちの目とどのくらい違いがあったのか。砂漠に落ち、「船が難破して大洋のまっただ中をいかだで漂流している人よりも、もっと孤独」となって、彼ははじめて大事な他者である王子さまと出会えた。

最初から孤独を愛しているキャラクターとして著名なのは、トーベ・ヤンソンの『ムーミン』シリーズに登場するスナフキンだ。

森にかくれて、すっかりひとりぼっちになってしまったスナフキンは、なんとも言えない、なごやかな気もちになりました。(『ムーミン谷の11月』)

ムーミンとは親しくしているが、他人に対してそっけなく、ひとりになりたくなるとさっさとテントをたたみ、誰にも気づかれないように谷を出る。ひとりになって、なごやかな気持ちになる。それならばいっそ、谷に帰らず、ひとりで生きていくことだってできるだろう。しかしスナフキンはそうしない。そしてムーミン一家と交わったからといって一人であることを手放すわけではない。

ムーミンたちといっしょのときは、自分ひとりになれるんです。いったい、ムーミンたちは、どんなふうにふるまうんだろう、と、スナフキンはふしぎに思いました。夏になるたびいつも、ずっといっしょにすごしていて、そのくせ、ぼくが、ひとりっきりになれたひみつがわからないなんて。

スナフキンを受け入れるムーミンたちの方に、彼の孤独を保つ秘密がありそうだが、スナフキンも人（ムーミントロールもスナフキンも「人間」ではないので、ここは人格があるものを人と呼称する）との関わりをたつことを孤独とはしていないし、ムーミン一家以外との関わりを煩わしそうにすることはあっても、積極的に断絶するわけではない。緩やかなつながりの中で、様々な経験をし、彼自身の豊かさを獲得していく。

どちらかというと、彼は逃亡している。

社会とつながる、ということはとても良いことのように語られる。そこから離れることは不安もあるし、逆に助けることができない、という罪悪感にもなるかもしれない。ただ、その距離感は人それぞれ選ぶことができる。無理に繋がろうとし過ぎなくても良いのだ。

ただ、それがどういうことであるか、という社会構造は知っておいてほしいと思う。大きな力を持ったものに立ち向かうとき、必要なのは弱い力を束ねること。自分さえ良ければ良い、という態度ではないからこそ、スナフキンはムーミン谷の面々と関わり、そしてそれが嫌になれば逃亡する。そのくらいで良い。

戦争に巻き込まれていったサン＝テグジュペリは「戦争は必要ない」としながらも「戦争に誑かされている」。それは、もちろん時代のせいもあるが、彼は孤独な中で人と一対一でつきあうことを求めているのに、それを直視せず、仲間と町の人を区別した。スナフキンは孤独に対して自覚的であって、だからこそ何を大事にするのかをはっきりとわかっている。

もちろん、架空の妖精と、現実の、さまざまな社会関係にからめとられた人間はおかれた条件が違う。しかし、だからこそ、私たちが集団から離れて孤独な空を愛そうとするのであれば、時にスナフキンのように勢いよく逃げ出してしまうことが必要なのではないか。

三木清　死と孤独

私はアトピー性皮膚炎があって、夏は少しでも汗をかくと肌がかゆくなる。顔は真っ赤になって薬を塗るだけでも痛い。薬が効いてくれれば、かゆみはマシになるが、枕の布が触れても痛む。自分の髪の毛が触れてもかゆみがぶり返す。ひっかけば余計にかゆくなることはわかっているけれど、眠っているときに、無意識にかきむしって、より強いかゆみで目が覚める。鏡を見れば、肌はボコボコと赤く醜く膨れ上がっている。一応の清潔が保たれている環境で、薬があってもそんな状況だ。薬もなく、不潔で、栄養が乏しく、ダニに寄生されていたら、その苦痛はどれほど辛い、ひどいものなのか。

哲学者の三木清は終戦後の獄中で死した。治安維持法で逃亡していた知人へ援助をしたことを理由に１９４５年３月拘留され、豊多摩刑務所へ収監されていた。逮捕にいたった罪状は重たいとは言えず、同じ逃亡ほう助で捕まった３名のうち三木を除く２名は約２週間で釈放されている。８月15日にはポツダム宣言受諾が公表、９月２日には降伏文書に調印がされていた。しかし三木は釈放されず、劣悪な衛生環境で猛烈な痒みに襲われる疥癬で苦しみ、汚物にまみれ、「気がついたら死んでいた」のを発見されたのが、９月26日だった。

三木清は１８９７年生まれ、京都帝国大学で学び、西田幾多郎に師事した京都学派の研究者と言われる。しかし、彼は京都学派が活躍した京都大学で教鞭をとることはできず、法政大学で勤めた。これは、彼の女性問題や批判的な態度などが問題視されたともいわれる。いずれにしても、品行方正でおとなしいというタイプではなかったようだ。言いたいことは口にする、ある種の粗野さや見方によっては品のなさがあったとされるエピソード・証言は散見される。ただ、だからといって『山月記』李徴のように人から孤立するタイプではなく、西田幾多郎には特別に目をかけられていたというし、学友ともよく交流し、岩波書店創業者の岩波茂雄らからは留学の援助を受け、のちに仕事を共にした。むしろ、彼は常に人に囲まれていた。彼は『人生論ノート』「孤独について」にこう記す。「孤独は山になく、街にある。一人の人間にあるのではなく、大勢の人間の「間」にあるのである。孤独は「間」にあるものとして空間の如きものである。「真空の恐怖」――それは物質のものでなくて人間のものである。」

私はこの一文を読んだとき、別の一遍の詩を思い出した。ウイリアム・イエイツの"The Lake Isle of Innisfree"（湖のイニスフリー島）。While I stand on the roadway, or on the pavements grey, I hear it in the deep heart's core. と、遠く、心の中にある静かな湖の孤島に灰色の舗道の上で想いを馳せる詩だ。夢想するイニスフリーの情景にほかの人は感じないが、自然の豊かさと満ち足りた精神の輝きがある。しかし、「灰色の」舗道には多数の人が行きかっているであろうけれど、そこはイニスフリーの豊かさとは対極を成す空虚さがある。

人生論ノートの「孤独について」は短く、そっけないが、私には、「死について」からはじまるこの本全体が人の人生を論ずるなかで、いかんともしがたく、人の空虚、孤独を描いているように思える。

三木清の甥で、三木の死を刑務所へ確認しに行った速水融は「寒空の下、人にコートを与えるというきわめて人間的な行為が、危険人物の保護・援助とみなされ、三木は治安維持法違反で逮捕されたのだ。治安維持法を拡張解釈すれば、コートを与えるという善意さえも命取りになるのである。」と後年、記した（『歴史人口学事始め』ちくま新書）。同じ逃亡補助で逮捕された2名は早々に保釈されており、三木のみが獄死したことを考えれば、逃亡ほう助だけを問題視した素朴な逮捕とは考えにくい。三木はファシズムに抗する思想をもってはいたが、処世ということも含めて反体制を貫いていたわけではない。革命の意思を貫くであるとか、聖人的だるというよkとではなく過程はあるにせよ、三木は身の危険は感じつつも、「人にコートを与えるといういうきわめて人間的な行為」を引き金として死に至った。

三木の逮捕、戦後に及んだ死に関しては、近しい身元引受人がおらず（妻は先に亡くなっており、子供はまだ幼年）親族・関係者は積極的には関わろうとしなかった、ということが言われる。まず、三木を逮捕・拘留しつづけた体制側の問題は大きい。しかし、さまざまな証言を見るにつれ、厳しい社会状況下における保身の態度を全面的に責めることはできないが、もっと周囲の人間が、釈放までいかずとも、積極的な差し入れや処遇改善要求などできたことがあったのではないか、ということを考える。

私はここで聖書を引く。イエスはエルサレム入城をし、人々に迎え入れられるが、弟子や民衆に見捨てられ、磔刑となった。弟子の裏切者としてユダが有名だが、みんなが見捨てて逃げており、ペトロは鶏が3度鳴くまえに、「そんな人は知らない」とすら言った。民衆は総督にイエスとバラバ（別の囚人）の釈放のどちらを選ぶか問われ、イエスを「十字架につけろ」と言った。イエスは兵士たちに侮辱され、いばらの冠をかぶせられ、ゴルゴダへ引き回された。そして、苦悶の果てに死ぬ。この受難物語に、奇跡は一切なく、ただ人の苦悶がある。三木とイエスを同一視して、三木を聖人扱いしたいのではない。大衆、私たち人間が、いつの時代も変わらず、人を見捨てうる生き物ということだ。実際に、私は、今ひとりでは生きていない。身近な人の直接的な助けを受けることも少なくないし、社会で大勢の人と繋がることで間接的に助けられていることもある。それでも、私はいつかどこかで、気が付いたら見捨てられて、ひとり死ぬ孤独の可能性を私は思う。だから、近しい考えをもつ者同士でも仲間づくりをしたいとは思えない。また、仲間がいたとしても、裏切られることを嘆くより、孤独であっても召命を受け入れることを選びたい。そして、たとえ自分と違う考えの持ち主であっても、法以上の残酷さを与えたいとは思わない。唯一、被害者・被害の近親者は加害者に対して、復讐は思いとどまってほしいが、法で割り切れない気持ちを表出することは許されるだろう。

新約聖書でイエスが最後に口にしたとされる「エリ・エリ・レマ・サバ

クタニ（わが神、わが神、なぜわたしをお見捨てになったのですか）」は、旧約聖書の詩編22の冒頭だ。これは絶望の言葉からはじまるが、最後は神への賛美で終わる。

わたしの神よ、わたしの神よ
なぜわたしをお見捨てになるのか。
なぜわたしを遠く離れ、救おうとせず
呻きも言葉も聞いてくださらないのか。
（略）
わたしは虫けら、とても人とはいえない。
人間の屑、民の恥。
わたしを見る人は皆、わたしを嘲笑い

唇を突き出し、頭を振る。
「主に頼んで救ってもらうがよい。
主が愛しておられるなら
助けてくださるだろう。」
（略）
王権は主にあり、主は国々を治められます。
命に溢れてこの地に住む者はことごとく
主にひれ伏し
塵に下った者もすべて御前に身を屈めます。
わたしの魂は必ず命を得
子孫は神に仕え
主のことを来るべき代に語り伝え

成し遂げてくださった恵みの御業を
民の末に告げ知らせるでしょう。（新共同訳）

ここには、「わたし」と神の2者のみがあって、イエスの受難は人間のあいだで生じた孤独かもしれないが、宗教的救いがある。私もキリスト教徒であり、この救いを心に留めている。しかし、実際に、現実の苦難になったときに、自分がどのように考え、行動するのかはわからないし、恐ろしいと思う。沢村貞子さんの状況であれば、同じくらいは耐えられるかもしれない。しかし、三木の死にざまはどうか。嘆くか。人を恨むか。どうにかして助けてくれと赦しを乞うか。私は死を、孤独を、恐れなければならない状況のことを恐れる。三木の死に臨む言葉は残されていない。彼が苦悶の中で救いが訪れないことを、どのように思考を巡らせていたのかはわからない。

「ひとは唯ひとり死ぬるであろう」、とパスカルはいった。各人がみな別々に死んでゆく、けれどもその死はそれにも拘らず死として一般的なものである。人祖アダムという思想はここに根拠をもっている。死の有するこの不思議な一般性こそ我々を困惑させるものである。死はその一般性において人間を分離する。ひとびとは唯ひとり死ぬる故に孤独であるのではなく、死が一般的なものである故にひとびとは死にあって孤独であるのである。私が生き殘り、汝が唯ひとり死んでゆくとしても、もし汝の死が一般的なものでないならば、私は汝の死において孤独を感じないであらう。(『人生論ノート』)

孤独が恐しいのは、孤独そのもののためでなく、むしろ孤独の条件によってである。あたかも、死が恐しいのは、死そのもののためでなく、むしろ死の条件によってであるのと同じである。しかし孤独の条件以外に孤独そのものがあるのか。死の条件以外に死そのものがあるであろうか。(『人生論ノート』)

三木の死後に発見された原稿、『親鸞』で三木は次のように記していた。

ところで自己を時代において自覚するということは、自己の罪を時代の責任に転嫁することによって自己の罪を弁解することではない。時代はまさに末法である。このことはまた時代の悪に対する弁解ではない。時代を末法として把握することは、歴史的現象を教法の根拠から理解することであり、そしてこのことは時代の悪を超越的な根拠から理解することであり、そしてこのことは時代の悪をいよいよ深く自覚することである。かくてまた自己を時代において自覚することは、自己の罪を末法の教説から、したがってまたその超越的根拠から理解することであり、かくして自己の罪をいよいよ深く自覚することである。いかにしても罪の離れ難いことを考えれば考えるほど、その罪が決してかりそめのものでなく、何か超越的な根拠を有することを思わずにはいられない。この超越的根拠を示すものが末法の思想である。（『親鸞』）

「往生は一人一人のしのぎなり」、宗教はめいめいの問題として、悪人正機について説く。人が一人として生きて引き受ける生と孤独、罪への思考がここにある。

心弱く、人を裏切り、苦難に陥れ、それでも生きる私たちが、人間として現実主義のうえに立って、どのように考え、人生をおくるべきか。受難物語と、三木の末期、親鸞、三木の哲学を私は同じ線上に見る。私はただいたずらに連想しているにすぎないかもしれないが、もし、三木が長命を得ていたのであれば、そうした西洋と東洋の思想と宗教の交差を論じ切っていたかもしれないことを夢想する。

私の祖父は、徳島出身の宮大工だったそうだ。戦中は南方へ行き、戦後は上京してうどん屋を開き、元の職能を生かして土建屋を立ち上げ、高度成長の東京の建物に関わり、そしてバブルが弾けて会社を畳み、小さなマンションの一室で病死した。祖父から、戦争の話を聞くことはなかった。従軍の苦労はあったと思うが、南方へ行っていたということは、加害の体験もあったのではないだろうか。何も聞かなかった薄ノロな自分を恨む。

祖父が比較的大きな家を立ち退きマンションへ移る日、十分な片付けもできず、多くの荷物をそのまま残すことになった。万が一の、貴重品を残していないか、家じゅう最後の点検をすることとなり、まず納戸の奥の箱をひっぱりだしたら、ゴキブリがわっと湧いて出てきて、悲鳴をあげた。中身は、そうめんだったとおぼしき箱で、箱ごと食い荒らされていた。祖母からも、明確に戦争のことを聞いたことはない。ただ、「戦争の時は本当に物がなかった、食べるものがなかった」ということを子供のころに聞いた憶えがある。祖母は食べ物をとても丁寧に保管していた。そうめんの横には几帳面に畳まれたデパートの包装紙の束があった。2階の祖父母の部屋は、私はほとんど入ったことがなかった。その部屋は、色とりどり、たくさんのネクタイが畳の上に散乱していた。アルマーニ、ヴェルサーチ、トリイユキ、ミヤケイッセイ、さまざまなブランドのシルクのネクタイ。父の日など折々に、母も贈りやすいからネクタイをプレゼントしていたことを思い出した。祖父なのか、母や叔母なのか、急いで家財を検めていたのだろう。そのうえに、ひっくりかえした棚と書類、写真もちらばっていた。兵隊のかっこうをした若い祖父が、もうひとりの男性と立っていたモノクロ写真もあった。それら数枚だけでも持ち出せばよかった。やはり私は愚鈍で、ただ呆然と立ち尽くした。部屋から出たら、解体業者の青年が、廊下の小物入れの棚をあけて中をまさぐっていた。私と目があい、罰が悪そうに棚をしめた。

羽振りがよかった時期もあり、祖父母の戦後はよかった方なのだと思う。それでも、このように戦争に、時代に、振り回された生というのはなんだったのか、ということを考える。1978年生まれの私は「戦争を知らない子どもたち」であって、太平洋戦争の記憶は当然ない。しかし、祖父母の人生、沖縄、朝鮮半島のふたつの国、ベトナムの結合双生児のニュース、イラク、ルワンダ、私をとりまく世界から戦争のニュースが消えたことはない。戦争のことを考える度に、散乱するネクタイを思い出すようになった。一時期、よく見た夢がある。祖父のネクタイを拾い集め縄に結って、そこで首を吊る。苦しい。目が覚めると夢と苦しみは終わるが、ミャンマー、ウクライナ、ガザ、様々な苦しみや死、残酷さをかかえた世界は終わっていない。祖父も、三木も、私も、著名な人も、無名な市井の人も、等しく歴史と世界は苦しみで繋がっている。

人が集団で名指されるとき、簡単にむき出しの生にさらされる。私たちは、ただ孤独にそこにあることだけで認められなければいけない。孤独が最も弱く扱われれるのが、集団、特に戦時下で国民と名指される時だ。『青鬼の褌を洗う女』のサチ子の「野垂れ死」の宿命の覚悟、孤独であることを残酷さと繋げて語られるが、本当に残酷なのは集団の中に埋め込まれること、また集団の中で孤立させられてしまうことだ。

私は孤独を肯定する。私が恐れるのは、孤独を残酷さに変えられることであって、孤独そのものではない。記録にない獄中の三木の孤独を思うのは、他者による身勝手で主観的なセンチメンタルでしかない。その際の三木の内心がどのようであったのか推し量ることはしない。人は惨殺されてはならない。ただ、その過程において、彼が人の世で「うまく立ち回る」のではなく、自ら選び取ったものも、偶然の運命によってもたらされたものも含めて、歩んでいった彼の生を孤独と呼び、人々に見捨てられて同じようにみじめにのたうちまわって死する可能性の孤独をも受け入れたい。

ほかの人が、そんなに恐ろしい帰結がありうるのであれば、孤独はやはり認めがたい、と思っていても構わない。孤独が恐ろしくなりうる条件となりうる諸事をとりはらうことに務め、だれしもが孤独を認めうる社会になることのために身命を賭す。孤独が一番残酷さに直面し、恐ろしくなりうるのは、戦争だ。すべての争いに抗い、私は私の孤独を勝ちとろう。いつか、湖の静かな孤島で暮らせることを夢見て。

おわりに

自立とは誰にも依存しないことではなく、依存先をたくさん持つこと。これは、とても大事なことだ。寂しいと感じる人に、無理に孤独を肯定してほしい、全員が同じように孤独を肯定してほしい、とは思わない。ただ、いま、孤独であることを愛しながら、しかしその孤独を肯定しきれない人たちのために、この本を書いた。

すでに、いまの日本の社会、世界は生きづらいことが多い。その現実的な解決策のひとつとして、繋がりを多く持ち、人とうまくやっていくことで生きやすくなる、それが楽しめたり、無理なくできるのであれば良いことだ。しかし、他者といることが辛い、求めていないのであれば、無理をしないでほしい。孤独でいたい、と思うこと自体は間違いではない。ひとりでいることをむやみに恐れないでほしい。誰かと繋がっていなければ不安にさせる社会が良くないのだ。誰かに認められなくても、集団の中でうまく振舞えなくても、ひとりで安心して過ごすことができる場所があるならば、その場所を大事にしてほしい。

ただ、もし少しでも余力があるならば、他の人が苦しんでいたり、暴力をうけていることに、みんながそうしているから、誰かが正しいと言っているからではなく、自身の痛みとして、関心を寄せてほしい。それがあなたの孤独も守る社会をつくるだろう。

私は孤独を肯定する。

犀の角のようにただ独り歩め。

孤独について

二〇二四年七月三〇日　第一刷発行

著者　小林えみ

発行者　よはく舎　東京都府中市片町二ノ二一ノ九

Printed in Japan　ISBN978-4-910327-18-1

企画「戦争と人間、孤独」集　全3冊

一、坂口安吾『青鬼の褌を洗う女』

二、三木　清　『人生論ノート』

三、小林えみ『孤独について』